SOCIÉTÉ D'AGRICULTURE DE LA HAUTE-GARONNE.

NOTICE NÉCROLOGIQUE

SUR

M. ADOLPHE VAÏSSE;

PAR

M. Azarie PIFTEAU, Membre résidant.

TOULOUSE ,

IMPRIMERIE DOULADOURE :
ROUGET FRÈRES ET DELAHAUT, SUCCESSEURS,
Rue Saint-Rome , 39.

1868.

SOCIÉTÉ D'AGRICULTURE DE LA HAUTE-GARONNE.

NOTICE NÉCROLOGIQUE

SUR

M. ADOLPHE VAÏSSE;

PAR

M. Azarie PIFTEAU, Membre résidant.

MESSIEURS,

En me confiant l'honorable mandat de rendre un juste
hommage à la mémoire de l'un des confrères trop nombreux
dont nous avons à regretter la perte, vous avez pensé que la
vieille et bonne amitié qui nous a unis me rendrait cette tâche
facile. Les souvenirs du cœur sont les plus fidèles. Il vous a
paru que, sous ce rapport, je pourrais mieux répondre à
votre attente. Elle ne sera, Messieurs, qu'imparfaitement
remplie si votre indulgence ne me vient en aide pour sup-
pléer à ce qu'aura d'incomplet le récit que je vous dois d'une
vie qui fut toujours honorable et marquée par d'utiles travaux.

Louis-Adolphe VAÏSSE naquit à Toulouse en 1796, d'une
famille ancienne et justement estimée. Ses succès classiques
firent bien augurer de son avenir. Un attrait puissant le fit se

livrer de bonne heure à l'étude des lois. Il n'en fut jamais dis-
trait par les habitudes dissipées de la jeunesse, ni par les goûts
du monde, pour lesquels il montra toujours de l'éloignement.
Avocat en 1818, et après des débuts qui furent remarqués,
il fit partie de la Société de jurisprudence, fertile pépinière
qui a fourni une foule d'hommes parvenus, par l'éclat de
leur talent, aux rangs les plus élevés dans la magistrature et
le barreau.

Servi par une excellente mémoire, doué d'un esprit exact
et méthodique, notre confrère s'était spécialement appliqué
à compulser les Recueils législatifs. Nul ne pénétrait avec plus
de facilité, dans ce qu'on peut, dès aujourd'hui, appeler le
dédale de notre législation. Dans les matières les plus diverses, il en était peu où, sans hésitation ou recherches, il
ne pût indiquer avec sûreté les lois et ordonnances, souvent
nombreuses, qui s'y rapportaient. Il possédait, si je puis
dire, la science des dates et des textes. Saisir le fil d'un sem-
blable labyrinthe n'est pas, Messieurs, un médiocre mérite
si l'on considère que, sans tenir compte des actes de nos pre-
mières assemblées et de ceux par lesquels sont réglementés
des intérêts individuels et locaux, nos Bulletins officiels, à
partir du Directoire, ne contiennent pas moins d'environ
80,000 lois, décrets ou ordonnances.

Le vice de cet état de choses, que l'avenir devait encore
aggraver, avait depuis longtemps éveillé l'attention du Gouvernement. Une ordonnance royale, du 20 août 1824, institua
une Commission, composée d'hommes éminents, afin de colli-
ger les arrêtés, décrets et autres décisions réglementaires rendus
jusqu'à cette époque. La Commission devait préparer, par
ordre de matières, des projets d'ordonnances portant abro-
gation de celles dont le maintien serait jugé inutile, et pré-
senter de semblables projets pour les dispositions qu'il con-
venait de conserver. Dans des observations pleines de justesse,
notre collègue insistait pour la réalisation de ce projet, qui
n'a pas abouti. Ainsi que bien d'autres, également utiles, il

eut la chance, ordinairement peu favorable, du renvoi à une Commission.

Comme se rattachant au même ordre d'idées, je dois dire que notre organisation judiciaire, comparée à celles de quelques pays voisins, avait été de sa part l'objet d'une étude particulière. Ses vues sur le meilleur mode d'avancement dans la magistrature sont développées, avec beaucoup de sens, dans un écrit qui peut être consulté avec fruit.

Ainsi recommandé à l'estime des juristes, M. Vaïsse vit s'ouvrir devant lui les portes de l'Académie de législation, lorsque est éclose, à Toulouse, comme produit spontané du sol, une institution qu'appelait sa célébrité dans l'enseignement du droit. L'éclat de cette célébrité, si dignement soutenue de nos jours, ne saurait se ternir dans la patrie des Cujas et des Furgole.

Les principes politiques, qu'avant 1830, notre confrère avait professés, avec toutefois une sage réserve, lui facilitèrent, à cette époque, l'accès de la magistrature. Il fut successivement nommé juge suppléant au Tribunal de Toulouse, procureur du roi à Muret, et rappelé, en 1835, à Toulouse, en qualité de substitut au parquet de cette ville. Il y fut l'utile collaborateur du magistrat éminent qui en était alors le chef, et que notre barreau compta parmi ses illustrations. Alexandre Fourtanier nous a aussi appartenu, Messieurs, et si j'ai été amené par mon sujet à prononcer aujourd'hui son nom, je ne crains pas d'encourir un reproche en rappelant les bons souvenirs qu'il a laissés parmi nous, et les regrets dont un de nos collègues les plus aimés s'est déjà rendu, dans cette même enceinte, l'éloquent interprète.

Eloigné de son siége par la révolution de 1848, M. Vaïsse ne dissimulait pas son désir, d'ailleurs bien légitime, d'y être réintégré. Ce désir aurait été probablement satisfait avant peu, si le Gouvernement de l'empereur ne s'était empressé de saisir l'occasion qui lui fut offerte de reconnaître ses services en dotant le Tribunal de Montauban d'un vice-président qui

devait si bien justifier le choix dont il était honoré. Dans
cette dernière charge, qu'il occupa jusqu'à la limite d'âge
fixée pour l'exercice des fonctions judiciaires, il fut ce qu'il
avait été à Muret et à Toulouse, magistrat intègre, érudit,
impartial ; nobles qualités qui élèvent si haut la dignité des
dépositaires de la justice.

Légiste et magistrat distingué, notre confrère fut encore
un agronome habile et expérimenté, que, depuis plus de
trente ans, vous aviez admis à partager vos travaux. Lorsque
sa candidature se produisit au sein de la Société, je fus l'un
de ceux qui révélèrent ses droits à des suffrages qui ne furent
jamais mieux mérités.

Possesseur d'un très-beau domaine dans le Lauragais, il en
modifia les assolements et l'outillage ; d'importantes amélio-
rations furent introduites dans les diverses cultures, rendues
plus productives par la suppression des jachères, la multi-
plication des engrais, une plus grande place réservée aux
fourrages artificiels, et des soins intelligents donnés à l'éle-
vage des bestiaux. De véritables succès lui étaient réservés
dans les plantations, genre de culture trop négligé dans nos
contrées. Il y consacra d'assez vastes terrains, et, en peu
d'années, le domaine de *Lasrazelles* atteignit, sous ce rapport, un degré de prospérité qui put l'autoriser à se pré-
senter au concours ouvert, en 1832, pour cette branche im-
portante de notre agriculture. Si d'autres candidats durent
lui être préférés sous le rapport du choix et de la variété des
essences, il fut constaté que ses essais méritaient les plus
grands éloges, pour les dispositions prises dans le but de
donner aux plantations l'étendue et la variété dont elles étaient
susceptibles.

Mais, indépendamment de l'intelligente direction donnée
à la culture de ses propriétés, les titres agronomiques de
M. Vaïsse sont fondés sur des travaux d'un autre ordre, qui
prouvent combien il était versé dans l'économie rurale. Avant
de les rappeler, je dois dire, qu'ami du progrès, dans une

sage mesure, il ne repoussa jamais les innovations que sa raison lui disait pouvoir être admises sans témérité. Mais les systèmes, plus ou moins spécieux, causes de tant de mécomptes, trouvèrent peu de faveur auprès de lui. Il considérait l'agriculture comme une science de faits, mais de faits explorés, pour ainsi dire, sur place. Les observations et les expériences venues de loin lui offraient moins de garanties que l'étude spéciale du sol à exploiter. Ces idées, sous l'inspiration desquelles il agissait, sont traduites dans ses écrits, notamment dans un Mémoire contenant l'expression d'un vœu pour la création, à Toulouse, d'une chaire d'enseignement théorique et pratique de l'agriculture. Ce vœu ne tarda pas à être entendu, et c'est dans notre sein que fut choisi le savant maître de cet enseignement. La Société en fut heureuse, et se crut autorisée à penser que la haute et affectueuse estime en laquelle elle tenait ce bon confrère, avait été un de ses titres à une distinction, où sa modestie seule n'a pas su voir un acte de justice. Ce souvenir ne devait-il pas être évoqué le lendemain du jour où vient de lui être confié le soin d'initier les élèves de nos écoles aux notions de l'art, le premier entre tous par son influence sur la moralité et le bien-être des populations, le plus utile comme source féconde de la prospérité des Etats?

En parcourant les procès-verbaux de nos séances nous y retrouvons des Mémoires en grand nombre, par lesquels il acquittait le tribut annuel exigé par nos règlements. Ils portent tous l'empreinte d'un esprit judicieux et pratique.

Je mentionnerai d'abord une communication, à la date de 1832, relative à de *nouveaux encouragements à donner à l'agriculture*. Dans cet écrit, où sont relatés les heureux résultats obtenus des prix décernés aux maîtres-valets et aux bergers, sont développés les avantages qu'il était permis d'attendre de distinctions semblables que pourraient obtenir les régisseurs, capables et honnêtes, agents si utiles sur les domaines que les propriétaires ne peuvent gérer eux-mêmes;

aux fermiers, que nous avons encore à envier à d'autres contrées, où ce mode d'exploitation est pratiqué avec tant d'a-
vantages ; enfin, aux métayers, qui, dans les conditions où
ils sont placés, peuvent bien retarder le progrès agricole,
mais qui, sous d'autres rapports, et dans des cas donnés,
sont peut-être préférables à la culture servile. Des décisions
ultérieures de la Société ont admis les conclusions de ce
Mémoire.

Des officiers de police judiciaire de divers ordres sont pré-
posés à la répression des délits. Mais si leur action s'exerce
régulièrement dans les villes, elle est presque inaperçue dans
les campagnes. Frappé de l'insuffisance de cette répression,
notre confrère, après en avoir dit les causes, a indiqué, dans
un travail remarquable, les moyens suivants d'assurer une
protection plus efficace à l'agriculture.

Premièrement, établissement, dans chaque canton, d'une
brigade de gendarmerie, spécialement chargée, conformé-
ment à la loi de son institution, de veiller à la conservation
des propriétés rurales.

En second lieu, la création, dans ces mêmes cantons, de
commissaires de police, ayant action sur toutes les communes
qui en dépendent. Investis des fonctions du ministère public,
ces officiers de police seraient autorisés à poursuivre direc-
tement en matière de délits ruraux, trop souvent impunis par
la répugnance des propriétaires à exposer des frais, sans
grand espoir de remboursement. Ils remplaceraient avec avan-
tage dans ces fonctions les maires, ordinairement peu versés
dans la connaissance des lois, et détournés par d'autres
soins de celui d'instruire les affaires relatives aux délits
commis au préjudice des particuliers.

Enfin, l'amélioration du sort des gardes-champêtres et des
mesures propres à rendre l'institution de ces agents moins
défectueuse.

Il a été, en partie, donné satisfaction aux justes doléances
contenues dans ce Mémoire, par la création de brigades de

gendarmerie et de commissariats de police dans quelques chefs-lieux de canton. Espérons que ce bienfait pourra être étendu aux localités qui ne l'ont point encore obtenu.

Je ne dois pas omettre une notice sur le traité publié, en 1832, par M. de Gasparin, concernant le *métayage* ou *colonage partiaire*, et d'après lequel les réclamations, dont ce mode d'exploitation a été l'objet, ne seraient que le résultat d'un préjugé scientifique, qui, comme bien d'autres, a besoin d'être réduit à sa juste valeur, si l'on ne veut pas que la théorie agricole, faute d'être basée sur l'examen des faits, soit trop souvent contredite par la pratique. — De semblables conclusions, mises en présence de l'opinion contraire, d'autres savants agronomes, devait soulever une polémique que la Notice dont je parle a résumée avec une entente parfaite de la question.

Je regrette de ne pouvoir mentionner que par leurs titres d'autres travaux sur la *culture des bois*, sur les *constructions dans les campagnes*, et sur *un nouveau mode de planchers en briques, à l'usage des bâtiments ruraux ; sur les rouleaux en pierre, employés pour le battage des blés ; sur l'impôt des boissons*. — Une Notice sur *le canton de Lanta et les progrès de son agriculture ;* des observations sur *la constitution et les attributions des chambres consultatives et du conseil supérieur d'agriculture*. Nous lui devons encore d'excellentes Notices sur MM. le baron Désazars, Alphonse d'Ayguesvives, Juéry et Decamps d'Aurignac, ainsi que la résumption des travaux de la Compagnie, présentée dans deux de nos séances publiques.

On n'a pas oublié les Bulletins qu'il s'était imposé le devoir de rédiger périodiquement, et qui contenaient le relevé de tous les actes législatifs et administratifs intervenus dans le cours de chaque année, concernant l'agriculture. Des Gloses instructives ajoutaient à l'intérêt avec lequel ces communications étaient toujours accueillies.

Enfin, doit ici être rappelé le témoignage particulier d'estime donné à M. Vaïsse, par son élection à la vice-présidence de la Société. Dans ces fonctions, quelquefois difficiles, vous avez apprécié son aptitude à diriger nos discussions, la parfaite convenance de ses procédés.

Malgré les occupations nombreuses imposées par les charges de magistrature dont notre confrère était investi, il eut toujours en réserve les moyens de répondre aux appels qui pouvaient être faits à son dévouement à l'intérêt public. C'est ainsi qu'il fit partie du Conseil municipal de notre ville, et accepta, plus tard, les fonctions de maire de la commune de Saint-Pierre-de-Lages. Il prêta, pendant plusieurs années, le concours de son zèle et l'autorité de ses avis au conseil presbytéral de Toulouse, et au consistoire de l'Église réformée, à laquelle il appartenait. Lorsque l'institution de l'assistance judiciaire vint faciliter à la classe indigente le recours aux tribunaux, que lui interdisaient trop souvent les formes dispendieuses de notre procédure, il devint un des membres actifs de cette assistance, dont le bienfait, longtemps sollicité, est aujourd'hui si bien compris.

Dans sa vie privée, nous le retrouvons fidèle à ses amitiés, bienveillant dans ses rapports, indulgent dans ses appréciations. Une froideur apparente ne faisait que voiler en lui sa disposition à obliger.

Cette existence, où se sont produits de vrais mérites, devait bientôt s'éteindre. Les proches et les amis de M. Vaïsse suivaient avec anxiété les phases d'une maladie dont les atteintes ne purent être conjurées. Le 4 février 1867, s'ouvrit pour lui la tombe où, bien peu de jours après, sa vertueuse compagne est allée le rejoindre.

Que ma dernière parole soit pour dire, qu'après avoir introduit un ami parmi vous, il m'était réservé de lui adresser, en votre nom, un affectueux et suprême adieu !

1er mars 1868.

Toulouse, Imprimerie CH. DOULADOURE ;
ROUGET FRÈRES et DELAHAUT, succrs, rue Saint-Rome, 39.

www.ingramcontent.com/pod-product-compliance
Lightning Source LLC
Chambersburg PA
CBHW071645030726
47598CB00005B/2013